4ème alphabet

1833

AF248018

QUATRIÈME
ALPHABET

EN FRANÇAIS,

DIVISÉ PAR SYLLABES,

Pour instruire les Enfans avec facilité.

PARIS.

J^ll. MORONVAL, IMPRIMEUR – LIBRAIRE,
rue Galande, n° 65, près là rue Saint-Jacques.

M. DCCC. XXXIII.

A. B. C. D. E.
F. G. H. I. J.
K. L. M. N. O. P.
Q. R. S. T. U. V.
X. Y. Z. Æ. Œ. W.

a. b. c. d. e. f. g.
h. i. j. k. l. m. n. o.
p. q. r. s. t. u. v. x.
y. z. ct. ffi. fi. ff. ff
fl. fl. æ. œ.

 a b c d e f g h i j k l m n o p
q r s t u v x y z.

Aa. Bb. Cc. Dd. Ee. Éé. Èè.
Eê. Ff. Gg. Hh. Ii Jj. Kk. Ll.
Mm. Nn. Oo. Pp. Qq. Rr. Ss.
Tt. Uu. Vv. Xx. Yy. Zz.

p d b p l h o y a m g n s c i r f x v
e t s u z b d q e c k d p q d p b b
q é è ê e.

*Aa. Bb. Cc. Dd. Ee. Éé. Èè.
Eê. Ff. Gg. Hh. Ii. Jj. Kk. Ll.
Mm. Nn. Oo. Pp. Qq. Rr. Ss.
Tt. Uu. Vv. Xx. Yy. Zz. Æ.
Œ et W.*

ct. et. ff ff. fi fi. ffi ffi. fl fl.
a e æ. o e œ.

a			e	i	o	u.
ba	bé	bê	be	bi	bo	bu.
ca	cé	cê	ce	ci	co	cu.
da	dé	dê	de	di	do	du.
fa	fé	fê	fe	fi	fo	fu.
ga	gé	gê	ge	gi	go	gu.
ha	hé	hê	he	hi	ho	hu.
ja	jé	jê	je	ji	jo	ju.
la	lé	lê	le	li	lo	lu.
ma	mé	mê	me	mi	mo	mu.
na	né	nê	ne	ni	no	nu.
pa	pé	pê	pe	pi	po	pu.
qua	qué	quê	que	qui	quo	quu.
ra	ré	rê	re	ri	ro	ru.
sa	sé	sê	se	si	so	su.
ta	té	tê	te	ti	to	tu.
va	vé	vê	ve	vi	vo	vu.

xa xé xê xe xi xo xu.
za zé zê ze zi zo zu.
bla blé blê ble bli blo blu.
bra bré brê bre bri bro bru.
cla clé clê cle cli clo clu.
cra cré crê cre cri cro cru.
dra dré drê dre dri dro dru.
fra fré frê fre fri fro fru.
fla flé flê flè fle fli flo flu.
gra gré grê gre gri gro gru.
gla glé glê gle gli glo glu.
pha phé phê phe phi pho phu.
phla phlé phlê phli phlo phlu.
pla plé plê ple pli plo plu.
phra prhé phrê phri phro phru.
pra pré prê pre pri pro pru.
spa spé spê spe spi spo spu.

sta sté stê   ste   stî   sto   stu.
tla tlé tlê   tle   tli   tlo   tlu.
tra tré trê   tre   tri   tro   tru.
vra vré vrê   vre   vri   vro   vru.

L'Oraison Dominicale.

No tre, Père, qui, ê tes, aux, cieux, que, vo tre, nom, soit, sanc- ti fié, que, vo tre, rè gne, ar ri ve, que, vo tre, vo lon té, soit, fai te, en, la, ter re, com me, au, ciel. Don nez-nous, au jour d'hui, no- tre, pain, quo ti dien. Et par don- nez-nous, nos, of fen ses, com- me, nous, par don nons, à ceux, qui, nous, ont, of fen sés. Et, ne, nous, a ban don nez, point, à, la, ten ta tion. Mais, dé li vrez-nous, du , mal. Ain si, soit-il.

La Salutation Angélique.

JE, vous, sa lue, Ma rie, plei ne, de, grâ ce, le, Sei gneur, est, a vec, vous, vous, ê tes, bé nie, en tre, tou- tes, les, fem mes, et, Jé sus, le fruit, de, vos, en trail les, est, bé ni.

Sain te, Ma rie, mè re, de, Di eu, pri ez, pour, nous, pau vres, pé- cheurs, main te nant, et, à, l'heu re, de, no tre, mort. Ain si, soit-il.

Le Symbole des Apôtres.

JE crois en Dieu le Père tou- puissant, créateur du ciel et de la terre ; et en Jésus-Christ son

Fils unique, notre Seigneur, qui a été conçu du Saint - Esprit, est né de la Vierge Marie, qui a souffert sous Ponce-Pilate, a été crucifié, est mort et a été enseveli ; est descendu aux enfers ; le troisième jour est ressuscité d'entre les morts ; est monté aux cieux ; est assis à la droite de Dieu le Père tout-puissant, d'où il viendra juger les vivans et les morts.

Je crois au Saint-Esprit, à la sainte Eglise Catholique, la communion des Saints, la rémission des péchés, la résurrec-

tion de la chair, et la vie éternelle. Ainsi soit-il.

La Confession des péchés.

JE, me, con fes se, à, Dieu, tout-puissant, à, la, bien heu reu se, Ma rie, toû-
jours, Vier ge, à, saint, Mi chel, Ar chan ge,
à, saint, Jean-Bap tis te, aux, A pô tres,
saint, Pier re, et, saint, Paul, et, à, tous,
les, saints; par ce, que, j'ai, beau coup, péché, par, pen sées, par, pa ro les, par, actions, et, par o mis sions. C'est, ma, faute, c'est, ma, faute, c'est, ma, très-grande,
fau te. C'est, pour quoi, je, sup plie, la bien-
heu reu se Ma rie, tou jours, vier ge : saint,
Mi chel, Ar chan ge, saint, Jean-Bap tis te,
les, a pô tres, saint, Pi er re, et saint, Paul,
et, tous, les, Saints, de, prier, pour, moi, le
Sei gneur, no tre, Dieu.

LES COMMANDEMENS DE DIEU.

1. UN seul Dieu tu adoreras et aimeras parfaitement.

2. Dieu en vain tu ne jureras, ni autre chose pareillement.

3. Les Dimanches tu garderas, en servant Dieu dévotement.

4. Tes père et mère honoreras, afin que tu vives longuement.

5. Homicide point ne seras, de fait ni volontairement.

6. Luxurieux point ne seras, de corps ni de consentement.

7. Les biens d'autrui tu ne prendras ni retiendras à ton escient.

8. Faux témoignage ne diras ni mentiras aucunement.

9. L'œuvre de chair ne désireras qu'en mariage seulement.

10. Biens d'autrui ne convoiteras, pour les avoir injustement.

Les Commandemens de l'Église.

1. Les fêtes tu sanctifieras, qui te sont de commandement.

2. Les dimanches messe ouïras, et les fêtes pareillement.

3. Tous tes péchés confesseras, à tout le moins une fois l'an.

4. Ton Créateur tu recevras, au moins à Pâques humblement.

5. Quatre—temps, Vigiles jeûneras, et le Carême entièrement.

6. Vendredi chair ne mangeras, ni le samedi mêmement.

COURTES PRIÈRES,

DURANT LA MESSE.

En entrant dans l'Eglise.

Que ce lieu est terrible et vénérable! c'est ici la maison de Dieu et la porte du ciel : faites, Seigneur, que je sois dans le respect, et que je tremble à la vue de votre sanctuaire.

En prenant de l'eau-bénite, il faut faire le signe de la Croix, et dire :

Mon Dieu, répandez en moi l'eau de votre grâce, pour me purifier de plus en plus, afin que les adorations que je viens vous présenter vous soient agréables.

Avant que la Messe soit commencée.

Je viens, ô mon Dieu, pour assister au saint sacrifice : donnez-moi votre grâce, afin que j'y assiste avec une foi vive, un amour ardent et une humilité profonde.

Pendant que le Prêtre est au bas de l'autel.

J'ai péché, mon Dieu : je ne suis pas digne de lever les yeux au ciel, ni de regarder votre autel pour vous adorer ; mais que tous les Saints vous prient pour moi. Je vous demande grâce, mon Dieu

tout-puissant, faites-moi miséricorde, et m'accordez le pardon
de mes péchés, par Jésus-Christ
notre Seigneur.

Quand le Prêtre monte à l'autel.

Père céleste, qui êtes Dieu,
ayez pitié de nous. Fils rédempteur du monde, qui êtes Dieu,
ayez pitié de nous. Esprit saint,
qui êtes Dieu, ayez pitié de nous.

Au Gloria in excelsis.

Je vous adore, ô Père céleste,
vous êtes le souverain Seigneur, le
Roi du ciel, le Dieu tout-puissant.
Je vous adore aussi, ô Jésus, mon
Sauveur; vous êtes le seul saint, le
seul Seigneur, le seul très-saint,

avec le Saint-Esprit, en la gloire de Dieu, le Père.

Pendant les Oraisons.

Dieu tout-puissant, faites-nous la grâce d'avoir l'esprit tellement rempli de telles pensées, que toutes nos paroles et nos actions ne tendent qu'à vous plaire, par Jésus-Christ notre Seigneur.

A l'Épître.

Faites-moi, ô mon Dieu, la grâce d'aimer votre sainte parole, d'en apprendre les vérités et d'en pratiquer les préceptes dès mon enfance.

A l'Évangile.

Seigneur, bénissez mon esprit,

ma bouche et mon cœur, de sorte que mes pensées, mes paroles et mes actions soient réglées par votre évangile, et que je sois toujours prêt à marcher dans la voie des saints commandemens qu'il contient.

Au Credo.

Augmentez ma foi, Seigneur, rendez-la agissante par la charité, et faites-moi la grace de vous être fidèle jusqu'à la mort, afin que je reçoive la couronne de vie.

A l'Offrande.

O Dieu qui dites dans votre parole, donnez-moi votre cœur, je vous offre le mien en même tems que le Prêtre vous offre ce pain et ce vin : je vous offre aussi mon corps. Faites que ce corps et cette âme soient une hostie vivante, sainte et agréable à vos yeux.

Lorsque le Prêtre lave ses doigts.

Lavez-moi, Seigneur, dans le sang de l'agneau sans tache, pour effacer de mon corps et de mon âme les moindres taches du péché.

A l'Orate fratres.

Que le Seigneur veuille recevoir ce saint sacrifice, pour sa gloire, pour mon salut et l'utilité de toute son église.

A la Préface.

Elevez, Seigneur, mon cœur au

ciel, afin que je vous y adore avec les Anges, en disant comme eux : Saint, Saint, Saint, le Seigneur, le Dieu des armées ; les cieux et la terre sont remplis de la majesté de votre gloire.

Après le Sanctus.

Mon Dieu, défendez votre église contre tous ses ennemis visibles et invisibles ; conduisez, par votre grâce, notre saint père le pape, notre saint évêque et les autres pasteurs à qui vous avez confié le soin des âmes ; bénissez mes parens, mes bienfaiteurs et amis, et particulièrement, N.N.

Il faut ici penser aux personnes pour qui on est obligé de prier.

Avant la Consécration.

Nous vous prions, Seigneur, que votre juste colère étant apaisée, vous receviez favorablement l'offrande que nous allons vous présenter : donnez-nous la paix pendant le reste de nos jours, et mettez-nous au nombre de vos élus.

A l'élévation de la Sainte Hostie.

C'est là votre corps, ô mon divin Sauveur ; je le crois parce que vous l'avez dit : j'adore ce corps avec une humilité profonde, et je l'offre à votre père pour mon salut.

A l'élévation du Calice.

O précieux sang qui avez été

répandu pour nous sur la croix, je vous adore, je vous crois véritablement dans le calice : je suis prêt à répandre mon sang pour l'honneur de vous; guérissez-moi, purifiez-moi, sanctifiez-moi.

Après l'Elévation.

Faites-moi la grâce, ô mon Dieu, de me souvenir toujours que ce corps sacré qui est maintenant présent sur l'autel a été livré à la mort, et que ce divin sang qui est dans le précieux calice a été répandu pour mon salut, afin que je vous serve toute ma vie avec ardeur. Souvenez-vous aussi de cette mort, afin que vous me pardonniez mes péchés avec miséricorde.

Au Memento des Morts.

Souvenez-vous, Seigneur, de vos serviteurs et de vos servantes qui sont morts dans la foi, et qui dorment du sommeil de la paix, et particulièrement de N. N.

Il faut ici penser aux morts pour qui l'on doit prier.

Pardonnez-leur, ô mon Dieu, le reste de leurs péchés et leur accordez votre saint paradis, afin qu'ils se reposent de leurs peines.

Au *Nobis quoque peccatoribus.*

Seigneur, ayez pitié de moi qui suis un misérable pécheur, et daignez, nonobstant mon indignité , m'accorder un repos éternel avec tous vos Saints.

A la seconde Élévation.

Recevez, mon Dieu, cette of-frande du corps et du sang de votre fils, et rendez-moi partici-pant des mérites de sa mort. Père céleste, avec lui, par lui et en lui, vous appartiennent toute la gloire et la louange.

Au *Pater Noster.*
Il faut dire *Notre père*, *etc.*
Après le *Pater.*

Délivrez-nous, Seigneur, par votre bonté , de tous les maux passés , présens et à venir , et assistez-nous du secours de votre miséricorde , afin que nous ne soyons jamais esclaves du péché.

A l'*Agnus Dei*.

Agneau de Dieu, qui effacez les péchés du monde, ayez pitié de nous.

Agneau de Dieu , qui effacez les péchés du monde, ayez pitié de nous.

Agneau de Dieu, qui effacez les péchés du monde, donnez-nous la paix.

Au *Domine non sum dignus*.

Seigneur, je ne suis pas digne que vous entriez dans mon cœur; mais dites seulement une parole, et mon ame sera guérie.

O mon doux Jésus qui désirez si ardemment vous unir à

nous, je vous ouvre mon cœur pour vous y recevoir comme mon Sauveur et mon Dieu.

Lorsque le Prêtre communie.

Que votre corps, ô mon divin Rédempteur, et votre sang précieux purifient mon corps et mon âme ; qu'ils me fortifient et me nourrissent sur la terre, jusqu'à ce que je sois rassasié de votre présence dans le ciel.

Après la Communion.

Mon Dieu, ne laissez pas rentrer dans mon ame le péché que vous en avez banni par le baptême ; que Jésus-Christ, mon Sauveur, vive toujours en moi, et que je sente sa divine présence, en faisant des actions conformes à celles qu'il a faites lorsqu'il était sur la terre.

A la Bénédiction.

Que Dieu tout-puissant nous bénisse, le Père, le Fils et le Saint-Esprit. Ainsi soit-il.

A l'Évangile selon Saint-Jean.

Jésus mon Sauveur, vous êtes le fils unique de Dieu, vous êtes Dieu comme le Père et le Saint-Esprit. Cependant pour nous sauver vous êtes venu au monde, vous avez souffert la mort, vous vous rendez présent sur le saint autel. O que vous nous aimez parfaitement! faites-moi la grâce de vous aimer de tout mon cœur et de vous servir tous les jours de ma vie.

Après la Messe.

Seigneur Jésus qui avez dit *Laissez venir à moi les enfans,* je suis venu aujourd'hui près de votre saint autel où je savais que vous deviez venir, et j'ai eu la consolation de vous y revoir : que je ne m'en retourne pas sans avoir eu la satisfaction de ressentir les effets de votre sainte bénédiction. Renvoyez maintenant votre serviteur en paix, puisque mes yeux ont vu mon Sauveur. Bénissez-moi de telle sorte que, pendant les jours de ma jeunesse et pendant tout le cours de ma vie, je me souvienne de vous qui êtes mon Créateur et mon Rédempteur , et que je prenne bien garde de vous offenser jamais, Jésus mon sauveur, qui êtes aussi mon Dieu.

PRIERE A SON PATRON.

J'AI recours à vous, grand Saint que l'Eglise m'a donné pour patron, et qu'elle m'ordonne de regarder comme mon protecteur. Je m'adresse à vous avec confiance. Je désire être votre imitateur ; je veux me conduire suivant les exemples que vous m'avez donnés. Obtenez-moi, ô mon patron ! la grâce de remplir tous les engagemens de mon baptême, de vivre en parfait chrétien, et de ne jamais rien faire qui déshonore un nom qui ne me vient que de vous , et qui est déjà écrit dans le ciel.

ABRÉGÉ

DE LA

DOCTRINECHRÉTIENNE.

Demande. QUI a fait le monde ?

Réponse. C'est Dieu , qui l'a fait de rien.

D. Pourquoi Dieu a-t-il fait le monde ?

R. Dieu l'a fait pour sa gloire.

D. Qui conserve et gouverne le monde?

R. C'est Dieu qui le conserve et le gouverne.

D. Qui nous a créés et mis au monde ?

R. C'est Dieu qui nous a créés et mis au monde.

D. Pourquoi nous a-t-il mis au monde ?

R. Pour le connaître, l'aimer, le servir.

en ce monde, et jouir éternellement de lui en l'autre.

D. Qu'est-ce que Dieu ? *R.* C'est un Esprit infiniment parfait, Créateur du ciel et de la terre, et le Seigneur souverain de toutes choses.

D. Dieu a-t-il toujours été ?

R. Oui, Dieu a toujours été, il n'a jamais eu de commencement, et il n'aura jamais de fin.

D. Où est Dieu ? *R.* Dieu est par-tout.

D. Si Dieu est par-tout, pourquoi ne le voyons-nous pas ? *R.* Parce que c'est un pur esprit que nous ne pouvons voir par les yeux du corps.

D. Dieu nous voit-il quoique nous ne le voyons pas? *R.* Dieu voit tout, il entend tout, il connaît tout, jusqu'aux plus secrètes pensées de nos cœurs.

D. Y a-t-il plusieurs *Dieux* ?

R. Non, il n'y a qu'un seul Dieu.

D. Combien y a-t-il de personnes en Dieu? *R.* Il y en a trois ; le Père, le Fils et le Saint-Esprit.

D. Le Père est-il Dieu ? *R.* Oui.

D. Le Fils est-il Dieu ? *R.* Oui.

D. Le Saint-Esprit est-il Dieu ? *R.* Oui.

D. Sont-ce trois Dieux? *R.* Non, ces trois personnes ne sont qu'un seul et même Dieu.

D. Pourquoi ces trois personnes ne font-elles qu'un seul et même Dieu ?

R. Parce qu'elles n'ont qu'une même nature et une même Divinité.

D. Laquelle de ces trois Personnes est la plus grande, la plus ancienne et la plus puissante?

R. Elles sont égales en toutes choses.

D. Comment appelez-vous ce Mystère ? *R.* Ce Mystère s'appelle la très-sainte Trinité.

D. Qu'est-ce que la très-sainte Trinité ? *R.* C'est un seul Dieu en trois personnes ; le Père, le Fils, et le Saint-Esprit.

D. Laquelle de ces trois personnes s'est faite homme ? *R.* C'est la seconde Personne qui est le Fils de Dieu.

D. Le Père et le Saint-Esprit se sont-ils aussi faits hommes? *R.* Non ; parce qu'il n'y a que le Fils qui ait uni substantiellement à sa personne la nature humaine.

D. Qu'est-ce à dire se faire homme ?

R. C'est prendre un corps et une âme comme nous.

D. Le Fils de Dieu n'a-t-il pas toujours été homme ? *R.* Le Fils de Dieu n'a pas toujours été homme, mais il a toujours été Dieu.

D. Le Fils de Dieu a-t-il cessé d'être Dieu en se faisant homme ? *R.* Non, il est Dieu et homme tout ensemble, et le sera éternellement.

D. Comment s'appelle le Fils de Dieu fait homme ? *R.* Il s'appelle Jésus-Christ Notre-Seigneur.

D. Qu'est-ce que Jésus-Christ ? *R.* Jésus-Christ est le Fils de Dieu, qui s'est fait homme.

D. Jésus-Christ a-t-il toujours été ?

R. Jésus-Christ, comme Dieu, a toujours été ; mais comme homme, il n'a pas toujours été.

D. Jésus-Christ était-il avant le monde

R. Jésus-Christ en tant que Dieu, a été avant le monde : mais en tant qu'homme, il n'a pas été avant le monde.

D. Jésus-Christ est-il par-tout?

R. Jésus-Christ, comme Dieu, est par-tout; et comme Dieu fait homme, il est au ciel et au saint Sacrement de l'autel.

D. De qui Jésus-Christ est-il Fils, en tant que Dieu? *R.* Jésus-Christ, en tant que Dieu, est Fils de Dieu le Père dans l'éternité.

D. De qui Jésus-Christ est-il Fils, en tant qu'homme? *R.* Jésus-Christ, en tant qu'homme, est Fils de la Vierge Marie dans le temps.

D. Le Fils de Dieu et le Fils de Marie sont-ce deux personnes? *R.* Non, le Fils de Dieu et le Fils de Marie n'est qu'une même personne et un même Jésus-Christ.

D. Comment le Fils de Dieu s'est-il fait homme? *R.* En prenant une âme et un corps semblable au nôtre dans le sein de Marie.

D. Qui a formé le corps de Jésus-Christ

dans le sein de Marie ? *R.* C'est le Saint-Esprit.

D. Pourquoi est-ce que le Fils de Dieu s'est fait homme ? *R.* Pour nous racheter du péché et de l'enfer.

D. Comment est-ce que Notre-Seigneur Jésus-Christ nous a rachetés du péché et de l'enfer ? *R.* En mourant pour nous sur la croix.

D. Etions-nous perdus ? *R.* Oui, nous étions perdus par le péché d'Adam notre premier père.

D. Quel est l'effet du péché d'Adam ? *R.* C'est d'être conçu et né dans le péché.

D. Quel jour le Fils de Dieu s'est-il fait homme ? *R.* Le jour de l'Annonciation de la sainte Vierge, le vingt-cinq de Mars.

D. Quel jour est-il né ? *R.* Le jour de Noël.

D. En quel état Jésus-Christ a-t-il voulu naître ? *R.* Jésus-Christ a voulu naître de parens pauvres, dans un misérable état, pauvrement.

D. Quel jour a-t-il été circoncis et nommé Jésus ? *R.* Le premier jour de l'année, huit jours après sa naissance.

D. Que signifie le nom de Jésus ?

R. Il signifie Sauveur.

D. Quel jour a-t-il été adoré des Rois ? *R.* Le jour des Rois, le sixième de janvier.

D. Comment Jésus-Christ a-t-il passé sa vie jusqu'à l'âge de trente ans ?

R. Dans la retraite, l'obéissance, la prière et le travail.

D. Comment Jésus-Christ a-t-il passé les trois dernières années de sa vie ? *R.* En prêchant l'Evangile, vivant pauvrement, et faisant de grands miracles, et du bien à tout le monde.

D. Quel jour a-t-il institué le Sacrement de l'Eucharistie ? *R.* Le Jeudi-Saint, veille de sa Passion.

D. Quel jour est-il mort ? *R.* Le Vendredi-Saint.

D. Comment est-il mort ? *R.* Par le cruel supplice de la Croix.

D. Quel jour est-il ressuscité ? *R.* Le jour de Pâques, trois jours après sa mort.

D. Les autres hommes ressusciteront-ils aussi ? *R.* Oui, tous les hommes, bons et mauvais, ressusciteront pour comparaître au dernier Jugement de Dieu.

D. Que deviendront-ils après le dernier Jugement ? *R.* Les justes iront au Ciel en corps et en âme, pour régner et être bienheureux à jamais en Jésus-Christ. Les méchans descendront en enfer, en corps et en âme, pour être tourmentés éternellement.

D. N'y a-t-il pas un troisième lieu où vont quelques âmes après la mort ? *R.* Oui, il y a un Purgatoire où vont les âmes de ceux qui sont morts en la grâce de Dieu, et qui n'ont pas achevé de satisfaire à sa justice.

D. Pourquoi croyez-vous ces mystères ? *R.* Parce que Dieu même les a révélés.

D. A qui les a-t-il révélés ?

R. A son Eglise.

D. Qu'est-ce que l'Eglise? *R.* C'est l'assemblée des Fidèles, qui, sous la conduite des Pasteurs légitimes, ne font qu'un même corps, dont Jésus-Christ est le chef.

D. Quelles sont les marques de la véritable Eglise? *R.* Elle est Une, Sainte, Catholique et Apostolique.

D. Cette Eglise peut-elle errer? *R.* Non; car elle est assise et animée par le Saint-Esprit.

D. Quel jour Notre-Seigneur est-il monté au Ciel? *R.* Le jour de l'Ascension, quarante jours après sa Résurrection.

D. Quel jour a-t-il envoyé son St-Esprit à son Eglise? *R.* Le jour de la Pentecôte.

D. Puisque Jésus-Christ est monté au Ciel, il n'est donc plus sur la terre? *R.* Il y est encore.

D. Où est-il? *R.* Au Saint Sacrement de l'Autel.

D. Notre-Seigneur quitte-t-il le Ciel pour venir au Saint Sacrement de l'Autel? *R.* Non, il se trouve en même temps au Ciel et au

Saint Sacrement de l'Autel, sous les espèces du pain et du vin.

D. Comment toutes ces merveilles se peuvent-elles faire ? *R.* Par la toute-puissance de Dieu.

D. Combien y a-t-il de Sacremens dans l'Eglise ? *R.* Il y en a sept : le Baptême, la Confirmation, l'Eucharistie, la Pénitence, l'Extrême-Onction, l'Ordre et le Mariage.

D. Qui les a institués ? *R.* C'est Notre-Seigneur Jésus-Christ, pour notre sanctification.

D. Qu'est-ce que le Baptême? *R.* C'est un Sacrement qui efface le péché originel, nous fait Chrétiens et enfans de Dieu et de l'Eglise.

D. Qu'est-ce que la Confirmation ?

R. C'est un Sacrement qui nous donne le Saint-Esprit avec l'abondance de ses grâces, pour nous rendre parfaits Chrétiens, et nous faire confesser la foi de Jésus-Christ même au péril de notre vie.

D. Qu'est-ce que l'Eucharistie ? *R.* C'est un Sacrement qui contient réellement et en vérité le Corps, le Sang, l'Ame et la Divinité de Jésus-Christ, sous les espèces du pain et du vin.

D. Qu'est-ce que la Messe ? *R.* La Messe est le sacrifice non sanglant du Corps et du Sang de Jésus-Christ, que l'Eglise offre à Dieu, sous les apparences du pain et du vin : ce sacrifice est une continuation du sacrifice de la Croix.

D. Comment faut-il assister au saint Sacrifice de la Messe ? *R.* Avec modestie, attention et dévotion.

D. Qu'est-ce que le Sacrement de Pénitence ? *R.* C'est un Sacrement qui efface les péchés commis après le Baptême.

D. Que faut-il faire pour bien recevoir le Sacrement de Pénitence ? *R.* Il faut faire cinq choses : la première, il faut examiner sa conscience ; la seconde, avoir un grand regret d'avoir offensé Dieu ; la troisième, faire une ferme résolution de changer de vie, et de ne point tomber dans le péché ; la quatrième , confesser tous ses péchés à un Prêtre ; la cinquième , faire la pénitence que le Prêtre impose.

D. Qu'est-ce que l'Extrême-Onction ? *R.* C'est un Sacrement établi pour le soulagement spirituel et corporel des malades.

D. Qu'est-ce que l'Ordre ? *R.* C'est un Sacrement qui donne la grâce d'exercer saintement les fonctions Ecclésiastiques.

D. Qu'est-ce que le Mariage ? *R.* C'est un Sacrement qui unit l'homme et la femme pour vivre saintement ensemble , et élever leurs enfans chrétiennement.

D. Qu'est-ce que le péché ? *R.* C'est une désobéissance à la loi de Dieu.

D. Combien y a-t-il de sortes de péchés? *R.* Il y en a de deux sortes , le péché Originel , et le péché Actuel.

D. Qu'est-ce que le péché Originel ?

R. C'est celui qui vient d'Adam , dans lequel nous sommes conçus , et avec lequel nous naissons.

D. Qu'est-ce que le péché Actuel? *R.* C'est

toutes pensées, toutes paroles, et toutes actions faites contre la Loi de Dieu par notre propre volonté.

D. Combien y a-t-il de sortes de péchés Actuels ? *R.* Il y en a de deux sortes ; le péché Mortel et le péché Véniel.

D. Qu'est-ce que le péché Mortel ?

R. C'est une désobéissance à la Loi de Dieu en choses importantes avec un parfait consentement.

D. Pourquoi l'appelle-t-on Mortel ?

R. Parce qu'il donne la mort à l'âme en lui ôtant la grâce de Dieu.

D. L'âme peut-elle mourir ? *R.* L'âme meurt spirituellement, quand elle perd la grâce de Dieu qui est sa vie.

D. Quel est l'effet du péché Mortel ?

R. C'est de nous faire perdre la grâce de Dieu et nous rendre dignes de la damnation éternelle.

D. Peut-on être damné pour un seul péché Mortel ? *R.* Oui, il n'en faut qu'un seul pour nous damner.

D. Qu'est-ce que le péché Véniel ?

R. C'est une désobéissance à la Loi de Dieu en chose légère.

D. Quel est l'effet du péché Véniel ?

R. Il met obstacle aux grâces de Dieu, refroidit l'âme dans la charité, et la dispose au péché Mortel.

D. Combien y a-t-il de péchés Capitaux d'où proviennent tous les autres péchés ? R. Il y en a sept, qui sont l'Orgueil, l'Avarice, l'Impureté, l'Envie, la Gourmandise, la Colère et la Paresse.

D. Qu'est-ce que l'Orgueil ? R. C'est un amour déréglé de soi-même.

D. Qu'est-ce que l'Avarice ? R. C'est un amour déréglé des biens temporels.

D. Qu'est-ce que l'Impureté ?

R. C'est un amour déréglé des plaisirs de la chair et des sens.

D. Qu'est-ce que l'Envie ? R. C'est une tristesse des biens de notre prochain.

D. Qu'est-ce que la Gourmandise ?

R. C'est un amour du plaisir dans le boire et le manger.

D. Qu'est-ce que la Colère ? *R.* C'est un mouvement de l'âme qui se porte à la vengeance.

D. Qu'est-ce que la Paresse ? *R.* C'est un amour déréglé de son repos, et la négligence qu'on a de ses obligations.

D. Quels sont les péchés que commettent ordinairement les enfans, et qu'ils doivent éviter ? *R.* Ce sont les mensonges, les désobéissances, les colères, les querelles avec leurs frères, sœurs, et avec leurs compagnons, les petits larcins, les trocs, la trop grande inclination au jeu, la négligence à prier Dieu matin et soir, les immodesties dans l'Eglise, les absences de l'Ecole, les fréquentations des libertins, les paroles et les actions déshonnêtes, la gourmandise, la friandise, etc.

D. Qu'est-ce que la Grâce ? *R.* C'est un don surnaturel qui nous est accordé par les mérites de Jésus-Christ, pour opérer notre salut.

D. Qu'est-ce que la Prière ? *R.* C'est une

élévation de notre cœur à Dieu, pour lui rendre nos devoirs et lui demander nos besoins.

D. Qu'est-ce que la vertu ? *R.* C'est un don de Dieu, qui nous donne le pouvoir de pratiquer le bien.

D. Combien y a-t-il de Vertus ? *R.* Il y en a deux sortes ; les Vertus Théologales, et les Vertus Morales.

D. Combien y a-t-il de Vertus Théologales ? *R.* Trois ; savoir : la Foi, l'Espérance et la Charité.

D. Qu'est-ce que la Foi ? *R.* C'est une vertu par laquelle nous croyons fermement en Dieu, et à tout ce qu'il a révélé à son Eglise.

D. Qu'est-ce que l'Espérance ? *R.* C'est une vertu par laquelle nous désirons Dieu comme notre Souverain bien, et attendons de sa bonté les moyens nécessaires pour arriver à lui.

D. Qu'est-ce que la Charité ? *R.* C'est une vertu par laquelle nous aimons Dieu plus que toutes choses, et le prochain comme nous-mêmes pour l'amour de Dieu.

D. Combien y a-t-il de Vertus Morales ?
R. Quatre ; savoir : la Prudence, la Justice, la Force et la Tempérance.

D. Qu'est-ce que la Prudence ?

R. C'est une vertu qui enseigne ce qu'il faut faire, et ce qu'il faut éviter.

D. Qu'est-ce que la Justice ? *R.* C'est une vertu qui nous fait rendre à chacun ce qui lui appartient.

D. Qu'est-ce que la Force ? *R.* C'est une vertu qui donne à l'âme de la fermeté pour supporter avec constance les afflictions de cette vie.

D. Qu'est-ce que la Tempérance ?

R. C'est une vertu qui règle l'usage que nous devons faire des plaisirs et des biens de cette vie.

D. Y a-t-il encore d'autres Vertus Morales ?
R. Il y en a plusieurs autres, dont les principales sont l'Humilité, la Religion, la Piété, l'Obéissance, la Libéralité, la Reconnais-

sance, la Simplicité, la Douceur, l'Affabilité, l'Innocence, la Pénitence, le Silence, la Modestie, l'Abstinence, la Chasteté, l'Esprit de Pénitence, l'Amour du Travail, l'Amour de la Paix, l'Esprit de Pauvreté, etc. Il faut pratiquer toutes ces vertus dans l'esprit de Jésus-Christ.

D. Pouvons-nous pratiquer toutes ces vertus sans la grâce de Dieu ? *R.* Non ; nous ne pouvons rien, nous n'avons rien, nous ne sommes rien pour la vie éternelle sans la grâce de Dieu.

D. Combien y a-t-il de choses qui rendent l'homme heureux, et qui lui donnent l'espérance au bonheur éternel ?

R. Il y a huit choses qu'on appelle les huit Béatitudes.

Savoir : 1. Bienheureux sont les pauvres d'esprit, parce que le royaume des Cieux est à eux.

2. Bienheureux ceux qui sont doux, parce qu'ils posséderont la terre.

3. Bienheureux ceux qui pleurent, parce qu'ils seront consolés.

4. Bienheureux ceux qui ont faim et soif de la justice, parce qu'ils seront rassasiés.

5. Bienheureux ceux qui sont miséricordieux, parce qu'on leur fera miséricorde.

6. Bienheureux ceux qui ont le cœur pur, parce qu'ils verront Dieu.

7. Bienheureux les pacifiques, parce qu'ils seront appelés enfans de Dieu.

8. Bienheureux ceux qui souffrent persécution pour la justice, parce que le royaume des Cieux est pour eux.

D. Qu'entendez-vous par les pauvres d'esprit ? *R.* Jésus-Christ entend : 1°. les humbles; 2°. les pauvres qui vivent contens dans leur pauvreté ; 3°. les riches qui sont détachés de leurs richesses.

D. Qu'entendez-vous par ceux qui sont doux ? *R.* Ce sont ceux qui n'ont point d'amertume, qui ne sont point querelleurs, qui n'aiment point à se plaindre et à murmurer.

D. Qu'entendez-vous par ceux qui pleurent ? *R.* 1°. ceux qui gémissent de leurs propres péchés ou des péchés des autres ; 2°. ceux qui mènent une vie pénitente ; 3°. ceux qui souffrent pour l'amour de Dieu les afflictions de cette vie,

D. Qu'entendez-vous par ceux qui ont faim et soif de la justice ? *R.* Ce sont ceux qui souhaitent avec ardeur d'être justes et agréables à Dieu, et qui travaillent à s'avancer dans la perfection.

D. Qu'entendez-vous par ceux qui sont miséricordieux ? *R.* Ce sont ceux qui assistent leur prochain, autant qu'ils le peuvent, dans ses besoins spirituels et corporels ; qui compâtissent à ses besoins, qui les supportent, qui les excusent, et ceux qui pardonnent les injures.

D. Qu'entendez-vous par ceux qui ont le cœur pur ? *R.* Ce sont ceux qui ont le cœur détaché de tout péché, et qui travaillent à réprimer la concupiscence.

D. Qu'entendez-vous par les pacifiques ?

R. Ceux qui sont les maîtres de leurs passions, qui vivent en paix avec eux-mêmes, avec le prochain, avec Dieu, et qui tâchent de procurer aux autres cette même paix.

D. Qu'entendez-vous par ceux qui souffrent persécution ? *R.* Ce sont ceux qui sont haïs, ou maltraités, ou calomniés, ou méprisés pour la vérité, pour la justice, ou parce qu'ils font leur devoir.

D. Combien y a-t-il de dons du Saint-Esprit ? *R.* Il y en a sept, savoir : Sagesse, Science, Intelligence, Conseil, Force, Piété et Crainte de Dieu.

La Sagesse est un don du Saint-Esprit qui nous détache du monde et nous attache à Dieu.

La Science est un don qui nous fait voir le chemin qu'il faut suivre et les dangers qu'il faut éviter pour arriver au Ciel.

L'Intelligence est un don qui nous fait comprendre les vérités et les mystères de la Religion.

Le Conseil est un don qui nous fait toujours choisir ce qui contribue le plus à la gloire de Dieu et de notre salut.

La Force est un don qui nous fait surmonter courageusement tous les obstacles et toutes les difficultés qui s'opposent à notre salut.

La Piété est un don qui nous porte à faire avec plaisir et facilité tout ce qui est du service de Dieu.

La Crainte de Dieu est un don qui nous inspire du respect pour Dieu, mêlé d'amour, et qui nous fait appréhender de lui déplaire.

D. Combien y a-t-il d'œuvres de miséricorde ? *R.* Il y en a quatorze, sept corporelles et sept spirituelles.

D. Quelles sont les sept corporelles ? *R.* Ce sont : donner à manger à ceux qui ont faim ; donner à boire à ceux qui ont soif ; vêtir les nus ; racheter les captifs ; visiter les malades ; loger les pélerins ; ensevelir les morts.

D. Quelles sont les sept œuvres de miséricorde spirituelles ? *R.* Ce sont : corriger les méchans ; instruire les ignorans ; donner conseil à ceux qui en ont besoin ; prier pour les pécheurs ; consoler les affligés ; porter en paix les injures , et pardonner les offenses.

D. Combien y a-t-il de principaux Mystères de la Religion? *R.* Il y a cinq principaux Mystères de la Religion, savoir : le Mystère de la Sainte-Trinité , de l'Incarnation du Fils de Dieu, de la Rédemption des hommes , de la Résurrection de Jésus-Christ , et de son Ascension.

D. Qu'est-ce que le Mystère de la Sainte-Trinité ? *R.* C'est un seul Dieu en trois personnes.

D. Qu'est-ce que le Mystère de l'Incarnation du Fils de Dieu? *R.* C'est le Fils de Dieu fait homme.

D. Qu'est-ce que le Mystère de la Rédemption des hommes ? *R.* C'est Jésus-Christ mort en croix pour nous.

D. Qu'est-ce que le Mystère de la Résurrection de Jésus-Christ ? *R.* C'est Jésus-Christ ressuscité.

D. Qu'est-ce que le Mystère de son Ascension ? *R.* C'est Jésus-Christ monté au Ciel.

D. Combien y a-t-il de fins dernières ? *R.* Il y en a quatre ; la mort, le Jugement, le Paradis et l'Enfer.

D. Etes-vous Chrétien ? *R.* Oui, je le suis par la grâce de Dieu.

D. Qu'est-ce qu'un Chrétien ? *R.* Un Chrétien est celui qui, étant baptisé, croit et fait profession de la Doctrine chrétienne.

D. En quoi consiste la vie chrétienne ? *R.* Elle consiste : 1°. à croire en Dieu ; 2°. à espérer en sa misericorde ; 3°. à aimer Dieu sur toutes choses, et le prochain comme soi-même ; 4°. à observer ses commandemens ; 5°. à faire pénitence ; 6°. à travailler sérieusement à son salut.

D. Quelle est la marque d'un Chrétien ? *R.* C'est le signe de la Croix.

D. Faites le signe de la Croix. *R*. In nomine Patris, et filii, et Spiritûs Sancti, Amen. (*ou bien*) Au nom du Père, et du Fils, du Saint-Esprit. Ainsi soit-il.

D. Pourquoi faisons-nous le signe de la Croix ? *R*. C'est pour marquer que toutes nos actions doivent être consacrées aux trois personnes Divines, et que nous devons être les disciples de Jésus-Christ crucifié.

D. Qu'est-ce que la doctrine chrétienne ? *R*. C'est celle que Notre-Seigneur Jésus-Christ a enseignée à ses Apôtres, et que les Apôtres ont enseignée aux Fidèles.

D. Faut-il savoir la Doctrine chrétienne ?

R. Oui, si nous voulons être sauvés.

D. Que deviendront ceux qui ne savent pas la Doctrine chrétienne ? *R*. Ceux-là périront pour une éternité.

D. Et ceux qui la savent ? *R*. Ceux qui savent la Doctrine chrétienne et la pratiquent seront éternellement heureux.

D. Et ceux qui l'auront pratiquée et enseignée ? *R.* Celui qui aura fait et enseigné, dit Jésus-Christ, sera grand dans le royaume du Ciel.

D. Où enseigne-t-on la Doctrine chrétienne ? *R.* C'est principalement au Catéchisme.

D. Est-on obligé d'assister au Catéchisme ? *R.* Oui ; ceux qui ne sont pas suffisamment instruits des vérités de la Religion y sont obligés.

D. En quoi consiste ce qu'on est principalement obligé d'apprendre au Catéchisme pour être sauvé ? *R.* Il consiste en trois choses : 1. à connaître Dieu ; 2. à connaître Jésus-Christ ; 3. à se connaître soi-même.

D. Qu'est-ce que le Catéchisme ? *R.* C'est une instruction familière où nous apprenons à connaître Dieu et à le servir.

D. Comment faut-il venir au Catéchisme ? *R.* Avec affection et désir d'en profiter.

D. Que faut-il faire avant le Catéchisme ?

R. Prier Dieu dévotement pour lui demander la grâce de bien apprendre.

D. Que faut-il faire pendant le Catéchisme ? *R.* Ecouter avec attention et modestie.

D. Que faut-il faire après le Catéchisme ? *R.* Retenir ce que l'on a entendu, le pratiquer et le rapporter à ceux de la maison qui n'ont pu y venir.

L'ANGELUS,

ou

LA SALUTATION ANGÉLIQUE.

UN Ange annonçant à Marie
Qu'elle concevrait Jésus-Christ ;
De la grâce déjà remplie,
Elle conçut du Saint-Esprit.

Je vous salue, etc.

Voici, Seigneur, votre servante,
Soumise à votre volonté :
Qu'à votre voix toute-puissante
Soit fait ce qui m'est annoncé.

Je vous salue, etc.

Alors le Verbe né du Père,
Fait chair, habite parmi nous,
Et prend dans le sein d'une mère,
Le corps qu'il vient offrir pour nous.

Je vous salue, etc.

Priez pour nous, Vierge sacrée :
Priez pour nous votre cher fils,
Pour que nous obtenions l'entrée
Du Paradis qu'il a promis.

Je vous salue, etc.

PRIONS.

Nous vous prions, Seigneur, de répandre votre grâce dans nos cœurs, afin qu'ayant connu le mystère de l'Incarnation de votre Fils, par le ministère de l'ange qui fut envoyé à Marie pour le lui annoncer, nous soyons, par sa passion et sa croix, conduits à la gloire de la résurrection, par Jésus-Christ, Notre-Seigneur.

Ainsi soit-il.

MAXIMES

TIRÉES

DE L'ÉCRITURE SAINTE.

ENFANS, obéissez à vos pères et à vos mères en ce qui est selon le Seigneur, car cela est juste. *Éphés.* 5.

Il faut plutôt obéir à Dieu qu'aux hommes. *Act.* 5.

Celui qui aime son père et sa mère plus que moi, n'est pas digne de moi. *S. Math.* 10.

Honorez votre père et votre mère, afin que vous soyez heureux, et que vous viviez long-temps sur la terre. *Deut.* 5.

Mandit celui qui n'honore point son père et sa mère. *Deut.* 27.

Celui qui outragera son père et sa mère de paroles est digne de mort. *Exod.* 21.

Celui qui frappera son père et sa mère , est digne de mort. *Exod.* 21.

Mon fils, soulagez votre père dans sa vieillesse , et ne l'attristez pas durant sa vie , car la charité que vous aurez eue pour votre père ne sera pas mise en oubli devant Dieu. *Eccl.* 3.

Un enfant qui est sage est la joie de son père , et l'enfant insensé est la tristesse de sa mère. *Ps.* 10.

Corrigez votre fils , il vous consolera et il deviendra les délices de votre âme. *Prov.* 29.

Le méchant se moque de la correction de son père , mais celui qui se soumet au châtiment en deviendra plus sage. *Prov.* 15.

L'enfant abandonné à sa volonté couvrira de confusion sa mère , et il deviendra insolent. *Pr.* 29.

Ne rendez point votre fils maître de ses actions pendant qu'il est jeune , et ne négligez point ce qu'il fait et ce qu'il pense. *Eccl.* 30.

Instruisez votre fils , et appliquez-vous à le former, de peur qu'il ne vous déshonore par une vie honteuse. *Eccl.* 30.

L'enfant qui dérobe quelque chose à son père et à sa mère, et qui dit que ce n'est pas un péché, a part au crime des homicides. *Prov.* 18.

Enfans, obéissez à vos supérieurs, et soyez soumis à leurs ordres, car ce sont eux qui veillent pour le salut de vos âmes, comme devant en rendre compte à Dieu. *Héb.* 13.

Celui qui aime à être repris, aime la science; mais celui qui hait les réprimandes s'égare. *Pr.* 10.

Celui qui est de Dieu écoute les paroles de Dieu; c'est pour cela que vous ne les écoutez pas, parce que vous n'êtes pas de Dieu. *S. Jean*, 8.

Mon fils, demandez toujours conseil à un homme sage. *Tobie*, 4.

Portez honneur et respect à ceux qui ont les cheveux blancs. *Lév.* 19.

Celui qui fréquente des personnes sages devient sage. *Prov.* 13.

Rendez-vous service les uns aux autres par un esprit de charité. *Gal.* 5.

Soyez toujours prêts à faire du bien à vos frères et à tout le monde. *Tess.* 5.

Edifiez-vous les uns les autres, rendez-vous parfaits, et excitez-vous au bien. 2. *Cor.* 13.

N'ayez point de liaisons avec les méchans. *Eccl.* 7.

Eloignez-vous des mauvaises langues, et que les médisans soient loin de vous. *Prov.* 4.

Mon fils, ayez Dieu présent à l'esprit tous les jours de votre vie, et ne consentez jamais au péché, et ne violez jamais les préceptes de la loi du Seigneur notre Dieu. *Tobie*, 4.

Ceux qui commettent le péché sont ennemis de leur âme. *Tobie*, 12.

Evitez le mal et faites le bien. *Ps.* 16.

Celui qui commet le péché est enfant du diable, et celui qui est né de Dieu ne commet point de péché. *Épître de St-Jean*, 3.

Tâchez d'avoir la paix avec tout le monde, et d'avoir la sainteté, sans laquelle personne ne verra Dieu. *Héb.* 12.

Que votre lumière luise devant les hommes, afin qu'ils voient vos bonnes œuvres, et qu'ils en glorifient votre Père qui est dans le Ciel. *St-Matth.* 5.

Faites toutes vos actions dans un esprit de charité. 1. *Cor.* 16.

Quiconque s'élève sera abaissé, et quiconque s'humilie sera élevé. *St-Luc*, 14.

Celui qui a de la vanité et de l'orgueil sera en abomination devant Dieu. *Prov.* 16.

Le jeune homme suit sa première voie dans sa vieillesse même, et ne la quittera point. *Prov.* 22.

Vous aimerez le Seigneur votre Dieu de tout votre cœur, de toute votre âme et de tout votre esprit. *Matth.* 22.

Vous adorerez le Seigneur votre Dieu, et ne servirez que lui seul. *S. Luc*, 4.

Sachez que Dieu vous fera rendre compte, au jour du jugement, de toutes les choses que vous aurez faites dans votre jeunesse. *Eccl.* 11.

Craignez Dieu, et observez ses commandemens, car c'est là le tout de l'homme. *Eccl.* 12.

Si vous voulez entrer dans la vie éternelle, observez mes commandemens. *S. Matth.* 19.

Heureux ceux dont les mœurs et la vie sont pures, et qui se conduisent suivant la loi de Dieu. *Ps.* 118.

Rien ne manque à ceux qui craignent le Seigneur. *Ps.* 33.

Le juste est plus heureux avec le peu de bien qu'il possède, que les méchans avec leurs grands biens. *Ps.* 39.

Mon fils, ne craignez point; il est vrai que nous sommes pauvres, mais nous aurons beaucoup de biens si nous craignons Dieu et si nous nous éloignons de tout péché, et si nous faisons de bonnes actions. *Tobie*, 4.

Ne portez point envie aux méchans, et ne désirez pas d'être comme eux. *Prov.* 24.

Les méchans et les scélérats périront, et ceux qui abandonnent le Seigneur seront consumés. *Isaïe*, 1.

Quand vous entrez dans la maison du Seigneur, considérez où vous êtes. *Eccl.* 4.

Tremblez devant mon Sanctuaire, car je suis le Seigneur votre Dieu. *Lévit.* 19.

Si quelqu'un profane le temple de Dieu, Dieu le perdra. *Cor.* 3.

Veillez et priez, afin que vous ne succombiez pas à la tentation. *S. Math.* 26.

Mon fils, avez-vous péché, ne péchez plus; mais priez pour vos fautes passées, afin qu'elles vous soient pardonnées. *Eccl.* 31.

Après que vous aurez mangé, et que vous serez rassasié, bénissez le Seigneur votre Dieu qui vous a donné tous ces biens. *Deut.* 8.

Soit que vous mangiez, soit que vous buviez, ou quelque chose que vous fassiez, faites tout pour la gloire de Dieu et au nom de Jésus-Christ Notre-Seigneur, en rendant grâces à Dieu le Père, par lui. 1. *Cor.* 10.

Le soir, le matin et à midi, je raconterai et chanterai les louanges du Seigneur, et il écoutera ma voix. *Ps.* 54.

Souvenez-vous de sanctifier le jour du Sabbat. *Exod.* 20.

Faites de dignes fruits de pénitence. *Saint-Math.* 3.

Je vous le dis en vérité, que si vous ne

vous convertissez, vous n'entrerez point dans le royaume des Cieux. *S. Math.* 18.

Si vous ne faites pénitence, vous périrez tous de la même manière. *S. Luc*, 13.

Faites pénitence, et convertissez-vous, afin que vos péchés soient effacés. *Act.* 3.

Si nous confessons nos péchés, Dieu est fidèle et juste pour nous les pardonner, et pour nous purifier de toute iniquité. 1. *Ep. S. Jean*, 1.

Ne rougissez point, et n'ayez point de honte de confesser vos péchés, et ne vous soumettez point à toutes sortes de personnes pour le péché. *Eccl.* 4.

Vous aimerez votre prochain comme vous-même. *S. Math.* 22.

Mes petits enfans, n'aimez point vos frères de parole ni de langue, mais par des œuvres et en vérité. *Ep. S. Jean*, 3.

Traitez les autres comme vous voudriez en être traité, car c'est là toute la loi et les Prophètes. *S. Math.* 7.

Vous ne déroberez point, et vous ne dé—

sirerez rien des biens de votre prochain. *Exod.* 20.

La crainte du Seigneur est le commencement de la sagesse ; les méchans méprisent la sagesse et la science. *Prov.* 1.

Celui qui méprise la sagesse et l'instruction est malheureux. *Sag.* 3.

C'est du Seigneur que vient toute la sagesse. *Eccl.* 3.

La sagesse n'entrera point dans une âme maligne, et elle n'habitera point dans un corps assujéti au péché. *Sag.* 1.

Pratiquez en toutes choses l'humilité, la douceur et la patience, en vous supportant les uns les autres avec charité. *Ephes.* 4.

Ecoutez avec docilité ce que l'on vous dit, afin de le bien comprendre, et de donner une réponse sage et juste. *Eccl.* 18.

Ne répondez point avant que d'avoir écouté, et n'interrompez personne au milieu de son discours. *Eccl.* 11.

Instruisez - vous avant que de parler. *Eccl.* 18.

Ne jugez point, et vous ne serez point jugé ; ne condamnez point, et vous ne serez point condamné. *S. Luc*, 6.

Mes enfans, ne parlez point mal des uns et des autres ; celui qui médit de son frère et qui juge son frère, parle contre la loi. *S. Jacques.*

Que si quelqu'un aime la vie et désire que ses jours soient heureux, qu'il empêche sa langue de médire ; que ses lèvres ne prononcent pas des paroles trompeuses. 1. *S. Pierre*, 3.

Ne soyez point lâches dans votre devoir, et conservez-vous dans la ferveur de l'esprit, considérant que c'est le Seigneur que vous servez. *Rom.* 12.

Faites avec plaisir et de bon cœur ce que vous ferez, comme le faisant pour le Seigneur. *Colos.* 3.

Fuyez les disputes et les querelles. *Tit.* 3.

Vous ne porterez point de faux témoignages contre votre prochain. *Exod.* 10.

Le faux témoin ne demeurera point impuni, et celui qui dit des mensonges périra. *Prov.* 19.

N'inventez point de faussetés contre votre frère, contre votre ami, et donnez-vous de garde de faire aucun mensonge. *Eccl.* 7.

Aimez vos ennemis; faites du bien à ceux qui vous haïssent; bénissez ceux qui parlent mal de vous, et priez pour ceux qui vous calomnient. *S. Luc*, 6.

Ne rendez à personne le mal pour le mal. *R.* 12.

Que toute aigreur, tout emportement et toute colère soient bannis d'entre vous. *Ephes.* 4.

Ne cherchez point à vous venger, et ne conservez point de souvenir de l'injure de vos compagnons. *Lév.* 16.

Oubliez toutes les injures que vous avez reçues de votre prochain, et ne faites rien pour vous en venger. *Eccl.* 10.

Ne rougissez point de dire la vérité, car il.y va de votre salut. *Eccl.* 4.

Ayez le mal en horreur, et attachez-vous fortement au bien. *Ps.* 36.

N'usez point de mensonge les uns envers les autres. *Coloss.* 3.

Donnez-vous de garde de faire des mensonges, car l'habitude de mentir est très-mauvaise. *Eccl.* 74.

Le Seigneur a en horreur le menteur et le témoin trompeur qui assure des mensonges. *Pr.* 6.

L'oisiveté apprend beaucoup de mal. *Eccl.* 33.

Tout paresseux est toujours pauvre. *Prov.* 21.

Celui qui ne veut pas travailler, ne doit point manger. *Tess.* 3.

L'homme est né pour le travail, comme l'oiseau pour voler. *Job.* 4.

Mon fils, ménagez le temps, et évitez le mal. *Eccl.* 4.

Veillons et soyons sobres. *Tess.* 5.

Prenez garde à vous de peur que vos cœurs ne s'appesantissent par l'excès des viandes et du vin. *S. Luc*, 21.

La tempérance dans le boire et le manger

est la santé de l'âme et du corps. *Eccl.* 33.

Que nul mauvais discours ne sorte de votre bouche, mais qu'il n'en sorte que de bons et de propres à nourrir la foi , afin qu'ils inspirent la piété à ceux qui les écoutent. *Ephes.* 4.

Ne savez-vous pas que votre corps est le temple du Saint-Esprit, qui est en vous, et qui vous a été donné de Dieu, et que vous n'êtes pas à vous-mêmes, car vous avez été achetés d'un grand prix. Glorifiez donc et portez Dieu dans votre cœur. *Cor.* 6.

Le partage des impudiques sera d'être jetés dans un étang brûlant de feu et de soufre. *Apoc.* 3.

Rien de souillé n'entrera dans le royaume des Cieux, ni aucun de ceux qui commettent l'abomination. *Apoc.* 21.

Le Seigneur a en abomination le cœur corrompu. *Prov.* 11.

Les mauvaises pensées séparent de Dieu. *Sag.* 11.

Veillez sur vous-même, mon fils, et abstenez-vous de toute sorte d'impureté. *Tob.* 3.

Mes très-chers enfans, purifions-nous de tout ce qui souille le corps et l'esprit, et travaillons de plus en plus à notre sanctification dans la crainte de Dieu. 1. *Cor.* 7.

Je vous dis de ne point jurer, mais contentez-vous de dire : cela est, ou cela n'est pas ; car ce qui est de plus vient du mal. *S. Math.* 5.

Vous ne prendrez pas en vain le nom du Seigneur votre Dieu, car le Seigneur ne tiendra point pour un innocent celui qui aura pris en vain le nom du Seigneur son Dieu. *Exod.* 20.

Vous ne jurerez point faussement en son nom. *Lév.* 19.

Veillez, parce que vous ne savez ni le jour ni l'heure que le fils de l'homme viendra. *S. Math.* 24.

Nous paraîtrons tous au tribunal de Jésus-Christ ; et chacun rendra compte de ses actions. *Rom.* 14.

Il est arrêté que tous les hommes meurent

une seule fois, et qu'ensuite ils soient jugés. *Heb.* 9.

Souvenez-vous dans toutes vos actions de votre dernière fin, et vous ne pécherez jamais. *Eccl.* 7.

La mort des méchans est très-malheureuse. *Ps.* 13.

Mes très-chers enfans, ayez soin de travailler à votre salut avec crainte et avec tremblement. *Phil.* 2.

Le paresseux n'a pas voulu travailler à cause du froid; il mendiera son pain pendant l'été, et on ne lui donnera rien. *Prov.* 20.

L'ouvrier sujet au vin ne deviendra jamais riche, et celui qui néglige les petites choses tombera peu à peu. *Eccl.* 19.

PETIT EXERCICE

DU

CHRÉTIEN,

Pour régler les principales actions d'un Enfant chrétien pendant la journée.

LE matin, à son réveil, il faut faire le signe de la Croix, et dire : Mon Dieu, je vous donne mon cœur, recevez-le, s'il vous plaît ; et faites, par votre grâce, que nulle créature ne le possède.

Etant sorti du lit, il faut s'habiller modestement ; et pendant qu'on s'habille, il est bon de dire: Faites-moi la grâce, ô mon sauveur Jésus-Christ, de me dépouiller du vieil homme, en renonçant à toutes ses passions, et de me revêtir du nouveau, en marchant comme vous dans la justice et dans la sainteté.

Lorsqu'on est habillé il faut prendre de l'eau bénite, se mettre à genoux devant quelque image, et faire sa prière.

PRIERE

Qui peut se dire le matin et le soir.

Esprit saint, venez en nous, et remplissez nos cœurs de votre amour, afin que par votre secours nous fassions notre prière avec la piété, l'attention et le respect que nous devons à notre Dieu, à notre père et à notre Juge, à qui nous osons l'adresser; par Jésus-Christ Notre-Seigneur, qui vit et règne dans tous les siècles des siècles. Ainsi soit-il.

Acte de Contrition.

Mon Dieu, j'ai grand regret de vous avoir offensé, parce que vous êtes infiniment bon, infiniment aimable, et que le péché vous déplaît; je me propose fermement, avec le secours de votre sainte grâce, de m'en corriger et de m'en confesser.

Je confesse à Dieu, etc. Notre Père, etc. Je vous salue, etc. Je crois en Dieu, etc.

Acte d'Adoration.

Mon Dieu, je vous adore et vous reconnais pour mon Créateur, mon Souverain Seigneur et ma dernière fin.

Acte de Foi.

Mon Dieu, je crois fermement tout ce que votre sainte Église Catholique croit, parce que c'est vous, la vérité infaillible, qui l'avez dit.

Je crois en Dieu, etc.

Acte d'Espérance.

Mon Dieu, j'espère le pardon de mes péchés et mon salut, par votre miséricorde et par les mérites infinis de Notre Seigneur Jésus-Christ mon Sauveur.

Notre Père, etc.

Acte de Charité.

Mon Dieu, faites-moi la grâce de vous aimer de tout mon cœur, de toutes mes forces, et mon prochain comme moi-même, pour l'amour de vous.

Les commandemens de Dieu et de l'Eglise.

Acte de Remercîment.

Mon Dieu, je vous remercie très-humblement de toutes les grâces que j'ai reçues de votre libérale bonté, pendant toute ma vie, et particulièrement cette dernière nuit.

Acte d'Offrande.

Mon Dieu, je vous offre mes pensées, mes paroles, mes actions : je désire qu'elles soient pour votre plus grande gloire. J'accepte, mon Dieu, tout ce qu'il vous plaira que je souffre aujourd'hui en l'honneur et l'union de tout ce que mon Sauveur Jésus-Christ a souffert pour moi.

Acte d'Humilité.

Je ne suis rien, je ne puis rien, je ne veux rien sans votre miséricorde.

Seigneur, daignez pendant ce jour nous préserver de tout péché.

R. Ayez pitié de nous, Seigneur.

R. Ayez pitié de nous.

Que votre miséricorde, ô mon Dieu, se répande sur nous.

R. Selon l'espérance que nous avons mise en votre bonté.

Seigneur, écoutez ma prière.

R. Et que mes cris s'élèvent jusqu'à vous.

PRIONS.

Seigneur, Dieu tout-puissant qui nous avez fait arriver au commencement de ce jour, sauvez-nous en ce même jour, par votre puissance infinie; afin que nous ne tombions en aucun péché, en nous détournant de vos voies; mais que nos pensées, nos paroles et nos actions ne tendent toutes qu'à l'accomplissement des règles que votre justice nous prescrit. Accordez-nous cette grâce, par Jésus-Christ Notre-Seigneur.

Ainsi soit-il.

Le soir, avant la Prière, il faut prendre de l'eau bénite, se mettre à genoux, et dire les prières comme le matin, ensuite dire l'Acte de Contrition, faire son examen de conscience, et le reste comme le matin, jusqu'à l'Oraison, au lieu de laquelle on dira la suivante :

PRIONS.

Nous vous supplions, Seigneur, de visiter cette demeure, et d'en éloigner toutes les embûches du démon notre ennemi ; que vos saints Anges y habitent pour nous y conserver en paix, et que votre bénédiction demeure toujours sur nous ; par Jésus-Christ Notre-Seigneur.

Ainsi soit-il.

Invocation de la Sainte Vierge, de nos Anges Gardiens et de tous les Saints.

PRIONS.

Accordez-nous, s'il vous plaît, Seigneur Dieu, à nous qui sommes vos serviteurs, une santé perpétuelle de corps et d'esprit, et que, par l'intercession de la Sainte et glorieuse Marie toujours Vierge, nous soyons délivrés des afflictions présentes, et jouissions un jour des joies éternelles.

Mon Dieu qui, par votre providence ineffable, avez daigné envoyer vos Anges pour notre garde, accordez à nos très-humbles prières que nous soyons toujours secourus ici-bas de leur puissante protection, et que nous soyons dans le Ciel les compagnons de leur félicité éternelle.

Nous vous prions, Seigneur, que tous vos Saints nous assistent en quelque lieu que nous soyons, afin qu'honorant leurs mérites, nous obtenions de votre bonté, par leur puissante intercession, le secours de votre grâce qui les a sanctifiés dans ce monde, et la participation de la gloire dont ils jouissent dans l'autre; par Jésus-Christ Notre-Seigneur. Ainsi soit-il.

Pour nos parens, amis, bienfaiteurs, et généralement pour tous les fidèles vivans et morts.

PRIONS.

Dieu tout-puissant et éternel qui êtes le Souverain Maître des vivans et des morts, et qui faites miséricorde à tous ceux que vous connaissez devoir être du nombre de vos Elus, par leur foi et leurs bonnes œuvres, nous vous supplions, avec une humilité profonde, que ceux pour qui nous vous offrons nos prières, soit qu'ils soient encore en ce monde environnés d'une chair mortelle, ou, dépouillés de leurs corps, sont passés dans l'autre vie, obtiennent de votre bonté, par l'intercession de tous vos Saints, la rémission de leurs péchés, par Jésus-Christ Notre-Seigneur. Ainsi soit-il.

Que le Seigneur dispose de nos jours, et qu'il établisse toutes nos actions dans sa sainte paix ; que le Seigneur nous bénisse et nous préserve de tout mal, et qu'il nous conduise à la vie éternelle ; et que les âmes des Fidèles, qui sont morts, reposent en paix par sa miséricorde.

Ainsi soit-il.

Le soir il faut dire :

Que le Seigneur tout-puissant et tout miséricordieux, le Père, le Fils et le Saint-Esprit, nous donne une nuit tranquille et une heu-

reuse fin ; qu'il nous bénisse et nous
protége toujours.

Ainsi soit-il

Au nom du Père, et du Fils, et du
Saint-Esprit. Ainsi soit-il.

Avant la lecture.

Mon Dieu, je vous offre la lecture que
je vais faire, donnez-y votre bénédiction.

Avant le repas.

Bénissez. *R.* Que ce soit le Seigneur. Que
la main de Jésus-Christ nous bénisse et la
nourriture que nous allons prendre. Au nom
du Père, et du Fils, et du Saint-Esprit.
Ainsi soit-il.

Après le repas.

Nous vous rendons grâces pour tous vos
bienfaits, et principalement pour la nourriture que vous venez de nous donner, ô
Dieu tout-puissant qui vivez et régnez dans
tous les siècles. Ainsi soit-il.

Que les âmes des Fidèles reposent en paix, par la miséricorde de Dieu.

Quand l'heure sonne.

Mon Dieu, faites-moi la grâce de ne point vous offenser.

Lorsqu'on sonne le matin, à midi et le soir, pour la Salutation Angélique.

L'Ange du Seigneur annonça à Marie qu'elle serait la mère du Sauveur ; et elle conçut par l'opération du Saint-Esprit.

Je vous salue, Marie, *etc.*

Je suis la servante du Seigneur : qu'il me soit fait suivant votre parole.

Je vous salue, Marie, *etc.*

Et le verbe s'est fait chair, et il a habité parmi nous.

Je vous salue, Marie, *etc.*

PRIONS.

Répandez, s'il vous plaît, Seigneur, votre grâce dans nos âmes, afin qu'ayant connu l'incarnation de Jésus-Christ votre fils, par l'Ange qui l'annonça, nous arrivions, par les mérites de sa mort et passion, à la gloire de sa résurrection, par le même Jésus-Christ notre Seigneur.

Ainsi soit-il.

En entrant dans l'Eglise, il faut prendre de l'eau bénite, se mettre à genoux et adorer le Très-Saint-Sacrement.

Acte d'Adoration envers Jésus-Christ.

Mon Seigneur et mon Dieu, Jésus Fils de David, Christ Fils de Dieu vivant, je vous adore, je crois fermement que vous êtes présent au Saint-Sacrement de l'Autel; j'espère que vous me ferez miséricorde, que vous me donnerez votre grâce en cette vie et votre gloire en l'autre. Faites-moi la grâce de vous aimer de tout mon cœur, et de plutôt mourir que de vous offenser.

Acte d'humilité envers Jésus-Christ.

Seigneur, je ne suis pas digne que vous entriez dans mon cœur; mais dites seulement une parole; et mon âme sera guérie.

Acte d'Action de grâces envers Jésus-Christ.

Que rendrai-je au Seigneur pour tous les biens qu'il m'a faits? Je prendrai le calice du Salut, et j'invoquerai son saint nom.

A l'élévation du Calice.

O précieux Sang! qui avez été répandu pour nous sur la croix, je vous adore; je vous crois véritablement dans ce calice; je suis prêt à répandre mon sang pour l'amour de vous. Guérissez-moi, purifiez-moi, sanctifiez-moi.

Le soir, avant de se coucher, il faut prendre de l'eau bénite, faire la prière en commun, comme le matin, examiner sa conscience et faire un Acte de Contrition, ensuite se déshabiller modestement, faire le signe de la Croix, et dire :

Je remets, mon Dieu, mon âme entre vos mains.

PRIÈRE

POUR SON PÈRE ET SA MÈRE.

En vous priant pour mon père et pour ma mère, je m'acquitte, Seigneur, d'un des devoirs que vous m'avez imposés; c'est une partie de l'amour que vous m'avez commandé de leur porter, et la première des assistances que vous m'obligez de leur rendre dans tous leurs besoins. O Dieu! miséricordieux et terrible , qui bénissez les enfans à cause des pères ; qui punissez quelquefois les fautes des pères en répandant votre juste colère sur les enfans ; permettez-moi de vous remercier des grâces que vous avez faites à mon père et à ma mère , et de vous demander pardon de leurs péchés. Vous voulez que je respecte en eux l'autorité que vous avez sur moi, et que je leur sois redevable de la vie que vous m'avez donnée. Rendez-leur ce que je ne puis leur rendre. Récompensez-les des peines et des soins que je leur ai coûtés. Conservez-les, et donnez-leur une vie heureuse et tranquille ; faites-leur avoir part à la bénédiction des Saints Patriarches ; donnez l'accroissement aux fruits de leur justice, faites-les abonder en toutes sortes de bonnes œuvres.

ABRÉGÉ

DES PRINCIPAUX DEVOIRS

desquels tout Chrétien se doit fidèlement acquitter selon sa condition et son état.

Les Devoirs envers Dieu, les Saints et les Choses saintes.

1. Tout Chrétien doit adorer Dieu, et n'adorer que lui, c'est-à-dire, le reconnaître seul pour son créateur, son souverain et sa dernière fin.

2. Il doit croire, sans hésiter, tout ce que Dieu a révélé à son Eglise.

3. Il doit espérer en lui, et ne se jamais défier de sa providence ni de sa miséricorde.

4. Il doit l'aimer de tout son cœur, et le préférer à toutes choses.

5. Il le doit prier avec respect le matin et le soir.

6. Il doit lui être fidèle au péril même de sa vie.

7. Il doit plus craindre de l'offenser, que tous les maux les plus terribles.

8. S'il l'a offensé, il doit avoir un très-grand regret, et marquer sa douleur par une véritable pénitence.

9. Il doit rendre les mêmes devoirs à Jésus-Christ parce qu'il est Dieu.

10. Il doit les mêmes choses au saint Sacrement, parce que Jésus-Christ y est réellement contenu.

11. Il doit honorer la sainte Vierge au-dessus de tous les Saints, parce qu'elle est la Mère de Dieu.

12. Il doit respect, obéissance et invocation à son Ange, et à son saint Patron, et, après eux, il doit respecter tous les Saints.

13. Il doit révérer les images de Jésus-Christ et des Saints, non pas à cause du papier, du bois ou de la pierre dont elles sont faites, mais à cause de ce qu'elles représentent : par exemple, dans un Crucifix on n'a-

dore pas le bois ni le papier, mais Jésus-Christ qui y est représenté.

14. Il doit aussi révérer les reliques des Saints, par le rapport qu'elles ont à ceux dont elles sont les restes.

15. Enfin il doit honorer tout ce qui a rapport à Dieu, comme sa parole, son nom, les personnes qui lui sont consacrées, les Eglises qui lui sont dédiées, les cérémonies qui sont instituées à son honneur, etc.

Les Devoirs envers le Prochain.

1. Tour Chrétien doit aimer son prochain comme soi-même.

2. Il ne doit jamais lui faire aucun mal ni aucun tort, ni en son bien, ni en son honneur, et au contraire, il doit lui faire tout le bien, et lui rendre tous les services qui lui sont possibles.

3. Il ne doit jamais écouter les médisans.

4. Il ne doit jamais faire de jugemens téméraires, ni avoir d'envie contre personne.

5. Il ne doit jamais contribuer ni consentir à aucune injustice ni méchanceté.

6. Il doit l'assister dans ses nécessités, jusqu'à s'incommoder soi-même.

7. Il doit supporter avec patience et douceur ses défauts et ses infirmités de corps et d'esprit.

8. Il doit lui pardonner très-sincèrement les offenses qu'il en a reçues, quelles qu'elles puissent être.

9. Il doit aimer ses ennemis, prier pour eux et leur faire du bien.

10. Il doit le corriger charitablement, s'il le voit tomber en quelque faute, surtout si son âge, sa condition ou sa charge lui donnent quelque autorité sur lui.

11. Il doit l'édifier par l'exemple d'une bonne vie.

12. Il doit payer ses dettes.

Les Devoirs envers soi-même.

1. Tout Chrétien doit avoir un très-grand soin du salut éternel de son âme, et ne se pas presque soucier de son corps.

2. Il doit combattre incessamment ses vices et ses mauvaises inclinations.

3. Il doit faire pénitence sans délai, et se châtier lui-même des péchés dont il se sent coupable.

4. Il doit se tenir sur ses gardes et retrancher absolument tout ce qui lui peut être occasion de pécher.

5. Il doit fuir les délices et les voluptés du corps, comme un poison.

6. Il ne doit rien tant estimer que de travailler et de souffrir pour Jésus-Christ.

7. Il doit mépriser les honneurs, le biens et les plaisirs du monde, aimer l'humilité, la pauvreté et la Croix.

Les Devoirs des Enfans envers leurs Pères et Mères.

1. Les Enfans doivent honorer leurs Pères et leurs Mères, en tout âge et en tout état.

2. Ils doivent leur obéir en toutes choses, où Dieu n'est point offensé.

3. Ils leur doivent amour et respect, aussi bien dans les châtimens que dans les caresses.

4. Ils doivent éviter avec grand soin de les attrister ou les mettre en colère.

5. Ils doivent les assister dans leur pauvreté, jusqu'à tout vendre pour cela.

6. Ils doivent après leur mort prier, et faire prier Dieu pour le repos de leur âme, et exécuter ponctuellement leurs dernières volontés.

PRIÈRE

*Pour le Renouvellement des Vœux du
Baptême.*

GRACES vous soient rendues, ô mon Dieu,
pour le don ineffable que vous m'avez fait.
J'étais dans les ténèbres, et vous m'en avez
tiré pour m'appeler à votre admirable lumière. J'étais mort par le péché, et vous,
mon Dieu, qui êtes riche en miséricorde,
vous m'avez rendu la vie en Jésus-Christ par
l'eau de la régénération. J'étais par ma
naissance enfant de colère, et vous m'avez
rendu participant de la nature divine par
le renouvellement du Saint-Esprit que vous
avez répandu sur moi avec une riche effusion,
afin qu'étant justifié par votre grâce, je
devienne héritier de la vie éternelle. Qu'il est
juste que je vous aime, ô mon père, puisque
vous m'avez tant aimé le premier ! Et comment, après être mort au péché, serais-je assez

malheureux pour vivre encore dans le péché ! Que je n'oublie jamais mon Dieu,
qu'en recevant le Baptême de Jésus-
Christ, je me suis dépouillé du vieil homme
qui se corrompt en suivant l'illusion de
ses passions, et que j'ai été revêtu de l'homme nouveau, qui est Jésus-Christ même.
Que je n'aime donc ni le monde, ni ce qui
est dans le monde : mais qu'ayant le bonheur d'être à Jésus-Christ, je crucifie ma
chair avec ses passions et ses désirs dé-
réglés. Que je vive par l'esprit de Jésus-
Christ, et que je sois dans les mêmes dis-
positions et les mêmes sentimens où il a été.
Que je sois devant vous, ô mon Dieu,
comme un enfant nouvellement né, éloigné
de toutes sortes de malices, de tromperie
et de dissimulations, et soupirant ardemment après le lait spirituel et tout pur
de votre parole, qui me fasse croître
pour le salut. Ne permettez pas que
j'attriste jamais, par le péché, votre
Esprit saint dont vous m'avez marqué
comme d'un sceau, et que vous m'avez
donné pour arrhe de l'immortalité qui

m'a été promise. Que je porte par votre grâce les fruits de toutes sortes de bonnes œuvres : afin qu'après avoir vécu d'une manière digne de vous, j'arrive au Royaume et à la gloire à laquelle vous m'avez appelé. Amen.

FIN.

Montereau. — Imprimerie de T. Moronval.